帕斯卡爾的遺囑
哈里斯 · 武拉維亞諾斯
PASCAL'S WILL
HARIS
VLAVIANOS

《帕斯卡爾的遺囑》
哈里斯・武拉維亞諾斯　著

封面影像：北島

© 香港中文大學 2017

國際統一書號 (ISBN)：978-988-237-049-4

出版：中文大學出版社
　　　香港　新界　沙田・香港中文大學
　　　傳真：+852 2603 7355
　　　電郵：cup@cuhk.edu.hk
　　　網址：www.chineseupress.com

Pascal's Will
By Haris Vlavianos

Cover Image: Bei Dao

ISBN: 978-988-237-049-4

Published by The Chinese University Press
　　　The Chinese University of Hong Kong
　　　Sha Tin, N.T., Hong Kong
　　　Fax: +852 2603 7355
　　　E-mail: cup@cuhk.edu.hk
　　　Website: www.chineseupress.com

Printed in Hong Kong

目錄 Contents

哈里斯・武拉維亞諾斯
Haris Vlavianos

中文翻譯：錢穎超、關建容
English translation by David Connelly and Mina Karavanta

ΦΘΙΝΟΠΩΡΙΝΟ ΡΕΦΡΑΙΝ

Όταν πέσουν και τα τελευταία φύλλα
θα επιστρέψουμε επιτέλους στον γνωστό, οικείο χώρο μας,
το πολύτιμο αυτό άσυλο
που το εξαντλημένο σώμα άφησε ανολοκλήρωτο
για τις ανάγκες μιας αναπόφευκτης γνώσης.

Είναι δύσκολο, σχεδόν αδύνατο,
να επιλέξεις και το επίθετο ακόμη
που θα έδινε κάποιο νόημα
σ' αυτή την κενή ψυχρότητα,
την αναίτια θλίψη,
που απλώνεται αργά-αργά, σταθερά,
διαβρώνοντας τις πιο κρυφές εσοχές της ζωής σου.
Μια απλή, φυσική χειρονομία
ίσως να αποτελούσε το πρώτο βήμα,
την αρχή μιας νέας απόπειρας.
Αν όχι τώρα, αν όχι σήμερα,
αύριο δίχως άλλο.

Η έλλειψη της φαντασίας;
Κι αυτή ασφαλώς θα πρέπει να επινοηθεί·
και το σκηνικό να στηθεί

όπως ορίζουν οι οδηγίες στο χαρτί.

Το πέτρινο σπίτι πρέπει να κρατηθεί.

Το βόλτο στο μπροστινό δώμα

(το ακριβό, ανεκτίμητο παρελθόν σου) αυτό κυρίως.

Και το παλιό υπέρθυρο με τη γοργόνα.

Και η συκιά στον κήπο, και οι πικροδάφνες,

και η ξερολιθιά, όλα πρέπει να μείνουν.

Όλα.

Για να φανεί το χάλασμα· το ρήγμα· η απουσία.

Για να εκτιμηθεί η προσπάθεια· η αποτυχία· το έργο.

Ο φθινοπωρινός άνεμος

που έδωσε υπόσταση σ' αυτές τις λέξεις,

σβήνοντας βίαια τη μεταφυσική τους λάμψη,

γνωρίζει καλά το μυστικό που κρύβουν.

Κι εσύ άλλωστε

που σκύβεις να μαζέψεις ένα ξερό φύλλο από το
    κεφαλόσκαλο.

Το φύλλο της πραγματικότητας.

Το εξαίσιο ποίημα του αληθινού.

秋歌

當最後一片葉子落地
我們終將回到熟知的地方
那個無價的庇護所
還未完工，身體便已力竭
為了一個無法逃避的宿命。

你很難，幾乎不可能
挑選哪怕一個形容詞
賦予某些意義給這
空洞的冷寂，
無緣的悲哀，
緩慢地、持續地蔓延
侵蝕你生命裏最隱秘的角落。
一個簡單自然的手勢
也許就成了第一步，
一個新的嘗試的開始。
若不是現在，若不是今天，
必定是明天。

想像力缺乏？
這確實需要創造：

搭起場景
照著紙上的指示。
石屋必須保留。
前屋露台上的拱門
（你珍貴而又無價的過去）它是最主要的。
雕著人魚的古老拱形門楣。
院子裏的無花果樹，和夾竹桃，
還有乾燥的石牆，所有的都要保留。
所有的。
為了呈現殘垣，斷壁，缺席。
為了評價努力，失敗，成就。

秋風
賦予這些詞生命
粗暴地吹滅它們形而上的光，
它對掩藏的秘密心知肚明。
而此時你
從台階高處俯拾一片枯葉。
現實之葉。
絕妙的真實之詩。

Autumnal Refrain

When the last leaves have fallen
we'll return at last to our familiar, intimate place,
that precious sanctuary
that the exhausted body left unfulfilled
for the needs of an inevitable knowledge.

It's difficult, virtually impossible,
even to choose the adjective
that would lend some meaning
to this empty coolness
this causeless sorrow,
that spreads gradually, steadily,
eroding your life's most secret recesses.
A simple, natural gesture
might perhaps be the first step,
the start of a new attempt.
If not now, if not today,
tomorrow without fail.

Lack of imagination?
This too no doubt will have to be invented;
and the scenery set up

as the instructions on the paper stipulate.
The stone house has to stay.
The arch in the front room
(your priceless, precious past) especially this.
And the old lintel with the mermaid.
And the fig tree in the garden, and the oleanders,
and the dry stone wall, everything has to remain.
Everything.
That the damage, the breach, the absence may be seen.
That the endeavor, the failure, the work may be appraised.

The autumnal wind
that gave body to these words,
fiercely erasing their metaphysical gleam,
knows all too well the secret they conceal.
As do you
who stoop to pick up a leaf from the doorstep.
The leaf of reality.

Η ΔΙΑΘΗΚΗ ΤΟΥ ΠΑΣΚΑΛ

Ακολουθώντας της Jorie Graham

I

Αργά-αργά το μάτι
μαθαίνει να φωτίζει το αόρατο,
ασκείται να βλέπει τα πράγματα
τη στιγμή που το νόημά τους δραπετεύει,
τη στιγμή που παραιτούμενα από την προσωρινή
  μορφή τους
χάνουν την (ιερή) αύρα της παρουσίας.

II

Λίγο πριν κλείσει τα μάτια
ζήτησε από την αδελφή του
να ράψει στη φόδρα του παλτού του,
(χωρίς καν να το κοιτάξει),
το σημείωμα που περιείχε
την «ακλόνητη απόδειξη
          της ύπαρξης του Θεού»,
βέβαιος πως μόλις τα ανοίξει
θ' αντικρίσει το φιλεύσπλαχνο,
          παντοδύναμο πρόσωπό Του.

III

Η παγερή μορφή του φιλοσόφου
αποτυπωμένη στο βλέμμα της αδελφής του,
(μπορούμε να φανταστούμε τη σκηνή,
τον χώρο όπου αυτή εκτυλίσσεται),
και το χαμένο – οριστικά πια –
περιεχόμενο της ύστατης σκέψης του.

IV

Η νύχτα που απλώθηκε αδιάφορα
πάνω στο άψυχο σώμα
ερμήνευσε σωστά
την τελευταία του επιθυμία:
όχι ως ανάγκη
ενός εγωτικού πιστού
να αποκρύψει την αλήθεια
που είχε λίγο πριν επινοήσει,
αλλά ως επιθυμία
να παραδώσει στους επερχόμενους
το κενό γράμμα

μιας μεγαλόπρεπης,
βαθιά ανθρώπινης, χειρονομίας.

V

Η αναπόφευκτη γνώση μιας νέας πραγματικότητας.
Και ο νους που τώρα αναπαύεται
(συμφιλιωμένος με την ατέρμονη μουσική των εννοιών)
μέσα στα αέρινα δημιουργήματά του.
Η δικαίωση του στοχαστή που μόνος,
χωρίς τις ευλογίες των πνευμάτων,
έφερε τον κόσμο στα μέτρα
του δικού του αφανισμού.

帕斯卡爾[1]的遺囑

擬喬瑞・格蘭瑟姆

I

慢慢地，眼睛
學會照亮那不可見的，
練習觀看事物
此時它們逃離了含義，
此時它們擺脫了臨時的形體
失去了存在的（神聖）光暈。

II

在瞑目前的瞬息
他請求姐姐
在外套襯裡縫上
（他連看一眼都來不及）
含有「上帝存在之
可靠證據」的
　　　　標記，
他確信睜開眼睛的時候
能看見祂[2]和藹
　　　又全能的臉龐。

III

哲學家已經變冷的面孔
印在姐姐的眼裏，
（我們可以想像這個場景，
它所發生的地點），
以及那失卻的——永遠地——
臨終前的思緒。

IV

夜冷漠地跨越
他失去靈魂的身體
正確詮釋了
他的遺願：
並非需要
作為一個自私的信徒
隱瞞早些時候
發現的真相，
而是願意
向後來者們傳遞
一封空白的信
關於威嚴的、
極其人道的手勢。

V

對新現實的必然認知。

現在理智³安息

（它與概念紛繁的樂曲和解）

在他縹緲的作品裏。

思想者的辯護

不在於上帝的賜福，

他獨自一人

把世界帶入自身湮滅的尺度。

1　譯註：帕斯卡爾（Blaise Pascal, 1623–1662）是法國
　　數學家、物理學家和思想家，十七世紀最為重要的科學
　　家之一。他提倡用科學實驗的方法發現真理，駁斥當時
　　仍非常盛行的經院哲學的認識論，反對迷信古代作家。
　　他晚年曾與耶穌會進行論戰，反對神權對思想領域的統
　　治。但這不代表他不信仰上帝，他同時持有不可知論，
　　認為理性是有限的。

2　譯註：指上帝。

3　譯註：原文為nous，在哲學上常音譯為「努斯」。這個
　　概念在不同場合使用時有不同含義，柏拉圖將其理解為
　　「理性」，是人的最高認識或最高的認識能力，亞里士多
　　德進一步區分「能動的理性」和「被動的理性」，並把這
　　個術語用於神，認為神的活動是「關於思維的思維」或
　　「思維自身的思維」。伊壁鳩魯把它理解為區別於感覺的
　　一種認識活動。斯多葛派把「努斯」看作宇宙或邏各斯的
　　表現，而新柏拉圖學派將這個概念推廣為理智世界。

Pascal's Will

Following Jorie Graham

I

The eye languidly
learns to illumine the invisible,
exerts itself to see things
the moment when their essence flees,
the moment when withdrawn from their temporary form
they lose the (holy) aura of presence.

II

Just before he closed his eyes
he asked his sister
to stitch inside his coat's lining,
(without even looking at it),
the note that contained
the "incontestable proof
      of God's existence,"
convinced that upon opening them
he would see His merciful,
      almighty face.

III

The glacial figure of the philosopher
impressed upon his sister's gaze,
(we can visualize the scene,
the space where it unravels),
and the forsaken—forever now—
content of its last-minute thought.

IV

The night casually spreading
on his lifeless body
has aptly interpreted
his last wish:
not as the need
of a self-centered believer
eager to disclose the truth
that he has just invented
but as the desire
to hand over to the progeny
the void letter
of a dignifying,
profoundly human gesture.

V

The inevitable knowledge of a new reality.
And the mind that now rests
(reconciled with the perpetual music of concepts)
inside its ethereal creations.
The vindication of the thinker that alone,
without the blessings of the specters,
has brought to the world the measures
of his own annihilation.

ΠΟΙΟΣ;

Όπως το έθεσε ο Μπλανσό

Έρχομαι στο φως τη στιγμή που αυτοπροσδιορίζομαι
   ως ερώτημα.
Το ερώτημα αυτό
που δεν ταυτίζεται με το άγχος ή τις αμφιβολίες σου
και που διαρκώς σε πολιορκούσε όσο έγραφες
(είτε είχες συνείδηση αυτής της πολιορκίας είτε όχι)
είναι τώρα παρόν,
κείτεται σιωπηλό ανάμεσα στις γραμμές μου
περιμένοντας υπομονετικά αυτόν
που θα επιχειρήσει τη λύση του.
Το ερώτημα
(που πλέον τίθεται ερήμην σου)
έχει ως αποδέκτη εμένα
και διατυπώνεται με λέξεις
που έχουν στο μεταξύ
«ως δια μαγείας»
μεταμορφωθεί σε τέχνη.

Η προσήλωση που δείχνω στον εαυτό μου
μπορεί να θεωρηθεί νοσηρός ναρκισσισμός.

Ωστόσο υπερασπίζομαι την τιμή μου
θέτοντάς τη διαρκώς υπό αίρεση.
Επιβεβαιώνομαι μέσω μιας ανάκρισης
που πολλές φορές οδηγεί στον διασυρμό μου.
Η ιστορία μου δεν είναι παρά το χρονικό αυτής της
ανάκρισης.

Το ερώτημα λοιπόν δεν μπορεί ν' απαντηθεί
γιατί μόλις τεθεί
μετατρέπεται αυτόματα σε κατηγορητήριο
ενάντια στα μέσα και τους σκοπούς μου.
Το βασίλειό μου οικοδομείται πάνω στα ερείπιά μου.
Αν έχω κάποια δύναμη
την αντλώ απ' αυτήν ακριβώς
την ατέρμονη διαδικασία ερήμωσης και
ανοικοδόμησης.

Κάθε ποίημα που διεκδικεί μια θέση στην ιστορία
μου
οφείλει να την αφηγηθεί εκ νέου

με τρόπους όμως που δεν είναι εκ των προτέρων
    γνωστοί.
Αν το παρελθόν μου οφείλει να το προϋποθέτει
το μέλλον μου πρέπει ήδη να το περιέχει.
Όμως ποιος μπορεί να ισχυριστεί ότι γνωρίζει το
    μέλλον;
Εσύ;

誰

擬布朗肖所問

當自我認知成為一個問題時，我出現了。
這個問題
並不等同於你的焦慮或懷疑
卻始終圍困你，只要你還在寫
（不論你是否意識到這種圍困）
現在，它是當下，
沉默地伏在我的字行間
耐心等待那個
將會把它解決的人。
這個問題
（在你不知情時出現）
讓我作為接受者
用詞語言說
其間
「鬼斧神工」
變成了藝術。

我對自己的專注
是病態的自戀。
但在不斷質詢的過程中，

我捍衛了自己的榮譽。
通過審訊，我證實了自己。
盡管時常招致誣陷。
我的歷史不過是審訊的編年史。

那麼，這個問題無法回答
因為一旦提出
它就自動成為訴狀
指控我的手段和目的。
我的王國建在我的廢墟之上。
如果説我擁有某種力量
那正是汲取於這個過程
——永不停止的摧毀與重建。

每首在我歷史中佔有一席之地的詩
都應當重新講述這段歷史
用不為熟知的方式。
如果詩中必須有我的過去，
那我的未來也必須涵蓋在詩裏。
但是，誰又能聲稱了解未來？
你？

Who?
Following Blanchot's question

I come to the light the minute I posit myself as a question.
This question,
not one with your angst or doubts,
constantly besetting you as you wrote,
is now present,
lying silent between my lines
patiently waiting the one
who will attempt to solve it.
The question
(now posited in your absence)
finds me as its recipient
and is formed with words
than have in the meantime
become, as if by magic,
transformed into art.

The attention I show to myself
can be considered sickly narcissism.
Yet I defend my honor
by constantly questioning it.
I assert myself through an in-quest

that many times leads to my disgrace.
My story is nothing but the chronicle of this in-quest.

The question hence cannot be answered
for once posited
it automatically becomes an accusation
against my means and my ends.
My kingdom is built on my ruins.
If I have any power
I derive it precisely from
this endless process of ruins and creations.

Every poem that asks for its place in my story
has to tell it anew
in ways though not already known.
If my past presupposes so
then my future has to already be so.
But who can claim that he knows the future?
You?

ΕΥΚΡΑΤΟΣ ΜΝΗΜΗ

Στον John Ashbery

Δεν ήταν το ηλιοτρόπιο στο ανθοδοχείο
αλλά το άοσμο λουλούδι στην εσοχή της μνήμης του
που ανέδιδε αυτό το καθαρό άρωμα.
Το λουλούδι δεν φανέρωνε κανένα από τα μυστικά
που το ηλιοτρόπιο – μέσα στην απτή του αυταρέσκεια –
ομολογούσε ανερυθρίαστα,
ούτε και θα μπορούσε από την φύση του άλλωστε
να διεκδικήσει όσα λίγα ή πολλά μια παρουσία
   διατρανώνει.

Αν και η ιδέα του λουλουδιού
δεν συνηγορούσε υπέρ μιας ζωηρής αναπόλησης -
απεναντίας μάλιστα –
η ομορφιά του
η πληρότητα δηλαδή της αμορφίας του
είχε κάτι το εύλογο κι οριστικό.

Κάτι μέσα του έλεγε
πως η πραγματικότητα,
αυτή η διαρκώς ανανεούμενη βάση δεδομένων,

δεν είναι παρά μια αυθεντική επινόηση –
η ανάγκη να αρνηθείς την εικόνα
που με τόση βεβαιότητα τα μάτια σου καθρεφτίζουν.

溫暖的記憶

獻給約翰·阿什貝利

不是花瓶裏的向日葵
而是他記憶深處那朵無香的花
散發出清馨的香氣。
這朵花並沒有透露任何秘密
倒是向日葵——在明顯的沾沾自喜中——
面無赧色地承認,
要或多或少在存在中表現自己,
靠這朵花自己的本性是達不到的。

雖然這朵花的想法
無法支撐生動的追憶——
恰恰相反——
花的美
即無形的完滿
含有明確的合理。

他內心有個聲音說:
現實,
這日新月異的數據庫,

不過是一種可靠的虛構——
用來否定
映射在你眼中的確切景象。

Temperate Memory
for *John Ashbery*

It was not the heliotrope in the vase
but the odorless flower in his memory's hollow
that emitted this pure aroma.
The flower did not reveal any of the secrets
that the sunflower—in its touchable complacency—
shamelessly admitted,
nor could it anyway by its nature
claim however little or much a presence
                    pronounces.

The idea of the flower
was not conducive to a vivid recollection;
on the contrary,
its beauty,
that is, the plenitude of its amorphous being,
indeed had something clear and final.

Something inside him told him
that reality
that continually updated data bank

is nothing but a genuine invention
the need to deny the image
that with such certainty your eyes reflect.

ΔΟΞΑΣΙΕΣ ΤΟΥ ΑΥΓΟΥΣΤΟΥ

I

Αν ένας άντρας στα σαράντα του
ζωγραφίζει ακόμη θάλασσες και περιστερεώνες,
αν στη σκέψη του καθρεφτίζεται
ένας ήλιος πιο καθαρός,
πιο σαφής, από τον ήλιο της πραγματικότητας,
αν η λέξη «Αμοργός» δεν είναι απλώς
το προσωπείο μιας φευγαλέας, εφηβικής ανάμνησης,
τότε ανάμεσα στο ποίημα της επιθυμίας
και το ποίημα της ανάγκης
ανασαίνει η αληθινή απώλεια.

II

Οι πρόλογοι εξαντλήθηκαν.
Δεν μπορούν να υποκαθιστούν διαρκώς το θέμα.
Πρέπει ν' αποφασίσει αν μπορεί
να κρατηθεί από αυτή την απόλυτη ιδέα
έστω κι αν έχει πάψει να πιστεύει στη δύναμή της.
Είναι ζήτημα πίστης πλέον.

III

Αλλεπάλληλες μεταμορφώσεις του παραδείσου.
Το μάτι προσπαθεί να ερμηνεύσει το αίνιγμα της ομορφιάς
καθώς στο βάθος ανατέλλει αργά-αργά η Δήλος.
Το καλοκαίρι μοιάζει αιώνιο.
Το ποίημα αρχίζει να επινοεί τον εαυτό του
τη στιγμή που εκείνος στρέφει το πρόσωπό του στο φως.

(Τη στιγμή που η φαντασία απελευθερωμένη
από τη συγκεκριμένη αίσθηση του διάπυρου λευκού
υψώνεται κάθετα στον ουρανό.)

IV

Ούτε ένα ιστιοφόρο στον ορίζοντα
να κόβει τον καμβά στα δύο.
Η εικόνα ενός δένδρου
με τα ανεμόδαρτα κλαδιά του να σαρώνουν το χώμα
δεν είναι σήμερα μέρος του σκηνικού.
Όμως η γριά που σέρνεται με τα γόνατα στην ανηφόρα
κρατώντας σφιχτά στο χέρι το εικόνισμά Της
είναι.

V

Ο άντρας βαδίζει μόνος στην παραλία.

Τον συγκινεί ακόμη ο μελωδικός ψίθυρος των κυμάτων,

ο τρόπος που το νερό νανουρίζει επίμονα τον βράχο.

Η φύση γύρω του

(αρμυρίκια, σάπιες ψαρόβαρκες, κροκάλες)

έχει μια μελαγχολική, ανεπιτήδευτη λαμπρότητα.

Αν ήταν να πεθάνει αυτή τη στιγμή

θα ήθελε να είναι εδώ

στον τόπο αυτό που έχει υπάρξει.

Έστω για λίγο.

Τώρα.

八月的信仰

I

如果一個男人到了四十歲
還在畫大海和鴿籠，
如果在他的腦海裏映照著
一輪太陽，比現實中的
更純淨，更清晰，
如果「阿莫格斯」[1]這個詞不僅僅是
易逝的青春記憶的面具，
那麼，在願望的詩
與現實的詩之間
喘息著的是真實的失去。

II

序言已經寫盡。
它們無法總是代替主題。
必須斷定
這樣絕對的理念是否可以掌控
直到它的力量失去信任的那一天。
這是個信念問題。

III

天堂的變幻接連不斷。
眼睛企圖解釋美的謎題
而提洛島[2]從海底慢慢升起。
夏日彷彿天長地久。
詩開始創作自己
此時他把臉轉向日光。

（此時，想像力重獲自由
從熾烈白色的具體感覺中，
垂直升上天空。）

IV

把畫布切成兩半的海平線上
一艘帆船也沒有。
畫中的一棵樹
狂風中亂舞的枝條掃過大地
這並不屬於今日場景。
而蹣跚上坡的老嫗
手裏緊緊攢著聖母小像
卻是。

V

男人獨自行走在海邊。

他仍感動於波濤低吟的旋律，

和海水撫摸礁石的催眠曲。

他周圍的自然

（檉柳，朽船，卵石）

有一種哀傷的、天然的光彩。

要是此刻就死去，

他寧願就在這裏

在這個他曾存在的地方。

哪怕是片刻。

現在。

1　譯註：阿莫格斯（Amorgos）是希臘西南部的一個海島，屬於最重要的群島 —— 基克拉迪群島。詩人在島上寫下了他的第一部詩集。另外，希臘著名詩人卡佐斯（Nikos Gkatsos）曾寫過題為《阿莫格斯島》（*Amorgos*, 1943）的長篇詩歌，為現代希臘超現實主義詩歌的名作。

2　譯註：提洛島是古希臘宗教、政治和商業中心，位於愛琴海上。根據神話傳說，女神勒托和主神宙斯相愛後有了身孕，遭到天后赫拉的嫉妒，赫拉下令禁止所有大陸和島嶼為她提供分娩之地。最後，提洛島從海中升起，成為浮島，宙斯將其固定，勒托最後在島上生下了太陽神阿波羅和月亮神阿爾忒彌斯。

August Meditations

I

If a man in his forties
is still drawing seas and dovecotes
if in his thought is reflected
a sun more transparent,
more lucid than the sun of reality,
if the word "Amorgos" is not just
the mask of a fleeting, adolescent memory,
then between the poem of desire
and the poem of necessity
real loss is panting.

II

Prologues have been consumed.
They cannot always substitute the topic.
He must decide whether he can
hold on to this absolute idea
even if he has ceased to believe in its power.
It is a question of faith from now on.

III

Successive metamorphoses of paradise.
The eye tries to interpret the enigma of beauty

while Delos is slowly emerging in the horizon.
Summer feels like an eternity.
The poem begins to invent itself
at the moment when the man turns his face to the light.

(The moment when imagination
freed from the specific sensation of blazing light
vertically rises in the sky.)

IV

Not one sail in the horizon
tearing the canvas apart.
The image of a tree
with its wind-swept boughs scavenging the ground
is not a part of the scenery today.
Yet, the old lady creeping uphill on her knees
tightly holding Her icon is.

V

The man is walking on the beach alone.
He is still touched by the melodious whisper of the waves,
the way the water is persistently lulling the rock to sleep.
Nature around him

(cedars, rotten fishing boats, shingles)
has a melancholic, unaffected brightness.
If he were to die at this moment
he would want to be here
in this place where he has been.
Even for a while.
For now.

ΤΟ ΠΕΠΛΟ

Όποιος βρίσκεται μέσα σε λαβύρινθο
  δεν αναζητά την αλήθεια·
    αναζητά την Αριάδνη του.

Αλήθεια δεν είναι η απογύμνωση
  που καταστρέφει το μυστικό·
    είναι η αποκάλυψη που το δικαιώνει.

Η εμπειρία μας παραμένει δέσμια μιας γνώσης
  που δεν είναι πια εμπειρία μας·
η γνώση μας ευτελίζεται από μια εμπειρία
  που δεν έχει ακόμη μετουσιωθεί σε γνώση.

Πρέπει να υφάνουμε νέα ποιητικά σχέδια
  που να ορίζουν τους δυνητικούς τόπους μιας αλήθειας
μήτε αληθινής   μήτε ψευδούς
μιας αλήθειας που θα είναι
  αναληθοφανής
    αδιανόητη
      ασύλληπτη

που θα μπορεί να μετατρέπει το σφάλμα   (το πάθος)
σε νήμα της ζωής μας.

面紗

無論誰身陷迷宮
　　不是在追尋真相
　　　　而是追尋他的阿里阿德涅。[1]

真相不是暴露
　　暴露是對秘密的摧毀；
　　　　真相是揭示，揭示是對秘密的證實。

我們的經驗仍受縛於一種認知
　　這種認知已不再是我們的經驗。
我們的認知貶損於一種經驗
　　這種經驗還沒有化為認知。

我們必須編織新的詩圖
　　指出真相可能現身的地方
既非真實　　也非謊言
這種真相或許是
　　非似真實的
　　　　難以想像的
　　　　　　不可思議的

或許能將錯誤　　（激情）
變成我們的生命之線。

1　譯註：阿里阿德涅（Ariadne）是希臘神話中克里特國王
　　米諾斯的女兒。米諾斯的迷宮中囚禁著一個牛頭人身的
　　怪物（米諾陶），每年需雅典獻祭七對童男童女。雅典王
　　子忒修斯跟隨童男童女來除害，阿里阿德涅愛上了他，
　　並交給他線團和魔刀，讓他進入迷宮時放開線團，殺死
　　米諾陶之後，跟隨線團的線走出迷宮。

The Veil

A man locked in a labyrinth
    does not seek the truth;
        but his Ariadne.

Truth is not an unveiling
    that destroys the secret
        it is the un-concealment that does it justice.

Our experience remains the captive of knowledge
    that no longer is our experience;
our knowledge is trivialized by an experience
    that has not yet become knowledge.

We must weave new poetic paths
    that will designate the potential places of a "truth"
neither true   nor false
a truth that will be
    implausible
        improbable
           impossible
thereby making error   (pathos)
    the thread of our life.

ΠΟΙΗΜΑ ΑΛΛΗΣ ΠΟΙΗΤΙΚΗΣ
[Παραλλαγή]

Με τον τρόπο του Wallace Stevens

I

Καθαρό νερό σε αστραφτερό ανθοδοχείο.

Κίτρινα και κόκκινα τριαντάφυλλα.

Το φως στο δωμάτιο λευκό, σαν χιόνι.

Χιόνι φρέσκο (τέλος του χειμώνα)

που πέφτει απαλά στο επινοημένο τοπίο.

Τ' απογεύματα επιστρέφουν χωρίς ήχους,

χωρίς μυστικά, χωρίς ανυπόμονα πρόσωπα

Στρογγυλό ανθοδοχείο.

Πορσελάνη ζωγραφισμένη με τριαντάφυλλα.

Κίτρινα και κόκκινα.

Το νερό – ατάραχη κενότητα.

II

Κι όμως το νερό,

το χιόνι,

αρκούσαν κάποτε για να συνθέσεις

μια νέα λευκότητα

– πιο αναγκαία από το νόημα των λουλουδιών

που ανθίζει μέσα στην ψυχρή ανάμνηση της ευτυχίας.
(Το εκστατικό σου βλέμμα
επιβεβαιώνει πως η φαντασία
μπορεί να γυμνώνει τη μνήμη πάλι και πάλι).

III
Το μυαλό ζητάει να δραπετεύσει.
Η σκέψη αυτή
(η δυνατότητα της συγκεκριμένης μεταφοράς)
έχει εξαντληθεί.
Τα τριαντάφυλλα, το ανθοδοχείο, δεν υπήρξαν.
Δεν υπάρχουν.
Οι λέξεις ωστόσο
συνεχίζουν να πέφτουν –
νιφάδες αληθινής ζωής
στο περιθώριο του ποιήματος.

另一種詩意風格的詩 (變奏)

擬華萊士・史蒂文斯

I

清水在閃閃發光的花瓶裏。
黃玫瑰和紅玫瑰。
房中白光如雪。
雪,新鮮的(冬季的尾聲)
輕柔墜落在虛構的風景裏。
下午數度歸來,悄無聲息,
沒有秘密,沒有焦躁的面孔。
圓形花瓶。
彩繪玫瑰瓷器。
黃與紅。
水——沉靜的虛空。

II

而這水,
雪,
差不多足以構成
一種新的白
——比花的意義更為必要
綻放在冷冽的幸福回憶裏。

（你出神的視線
證明，想像可以
一遍又一遍祖露記憶）。

III
大腦請求逃離。
思維
（某種轉移的可能）
已經力竭。
玫瑰，花瓶，未曾存在，
此時亦不存在。
而這些詞
繼續墜落——
真實生活的雪花
落在詩的空白處。

Poem of Another Poetics
[Variation]

Following Wallace Stevens

I

Crystal-clear water in a glistening vase.

Yellow and red roses.

White light in the room, like snow.

Fresh snow (it's the end of winter)

softly falling on the invented place.

The afternoons are returning without sounds,

without secrets, without impatient faces

Round vase.

Porcelain painted with roses.

Yellow and red.

The water—unruffled emptiness.

II

And still the water,

the snow,

once were enough to compose

a new whiteness

—more necessary than the meaning of flowers

blooming inside the cool memory of happiness.
(Your ecstatic gaze
confirms that imagination
can lay bare the memory again and again).

III

The mind seeks to escape.
This thought
(the possibility of the specific metaphor)
has been exhausted.
The roses, the vase, did not exist.
They do not exist.
The words however
keep falling—
snowflakes of a real life
in the margins of the poem.

HOTEL INSOMNIA

νύχτα
  με την πανσέληνο των αντιφάσεων
    να λάμπει στον θόλο του μυαλού σου

σκέφτεσαι ν' αλλάξεις ρόλο
  να βγάλεις επιτέλους το προσωπείο της οδύνης

  εχθές
    γοητευμένος από τις δυνατότητες των
αισθημάτων σου έγραφες:

μόνο η αγάπη ως πάθος έχει νόημα·
κάθε βαθύ πνεύμα χρειάζεται μία μάσκα
—έτσι προστάζει η λεπτότητα της ντροπής του

  σήμερα
    κάτω από αυτόν τον προβλέψιμο ουρανό
     θέλεις να φαντάζεσαι
    πως η λεωφόρος που απλώνεται στα πόδια
σου
καταλήγει κάπου—
  σε μία τελική διευθέτηση του ζητήματος

　　　　　μία σύνοψη που θα σου επιτρέψει να
σταθείς έκθαμβος
μπροστά στην προσχεδιασμένη εξέλιξη της ιστορίας

　　　　　της ιστορίας σου—

　　　　　στα δραματικά επεισόδια της οποίας
　　　　　　　　　ζητάς να αναγνωρίσεις το νεύμα της
κατάφασης
　　　　　　　　τη βεβαιότητα της ανταμοιβής

το φως είναι εκτυφλωτικό
«το φως είναι πάντα εκτυφλωτικό»

είναι όμως αργά
για φυλλομετρήματα της στιγμής

—η ζωή δεν είναι επιχείρημα

κανείς δεν έχει πια όρεξη για διάβασμα
ούτε και εσύ　　　　　　　　(ας μιλήσουν τα κείμενα)
που εξαντλημένος από τις συγκινήσεις

των τελευταίων ωρών
σηκώνεις το ακουστικό

"ένα διπλό espresso"

(όπως πάντα
– το καλύτερο υπνωτικό)

失眠旅店

深夜
　　反覆無常的滿月
　　　　照亮你腦中天穹

你想著改換角色
　　終於摘下苦痛的面具

昨日
　　你被感情的種種可能所迷惑，寫下：

只有作為激情的愛才有意義；
每個深邃的精神都需要一張面具
——它的羞怯如此要求

今日
　　在這預言的天空下
　　　　你試圖想像
　　　從你腳下延伸的這條大路
會通向某處——
　　通向問題的最終解答
　　　回顧，將令你震撼地
直面事先規劃好的歷史進程

你 的 歷 史 ——

在悲劇事件裏
　　你尋找肯定的頷首
　　　確認的回報

光亮得刺眼
「光總是亮得刺眼」

可是已經晚了
來不及翻閱瞬間

——生活不是藉口

誰都沒有興致閱讀
你亦如此　　　　　　（讓他們談論劇本吧）
最後時刻的
感動讓你精疲力竭
你拿起聽筒

「一杯雙份的意式濃縮」

（一如既往
——這是最好的催眠劑）

Hotel Insomnia

at night
        with the full moon of contradictions
                shining on the dome of your mind

you are thinking of changing roles
        of finally taking the mask of grief off

yesterday
                enchanted by the possibilities of your
feelings you wrote:

only love as passion has meaning
every profound spirit needs a mask
—thus the subtlety of its embarrassment demands

today
        under this predictable sky
            you want to think
        that the avenue stretching at your feet
ends somewhere—

to a final resolution of the matter
to a synopsis that will allow you to stand in awe
of
the predestined unfolding of the story

your story—

in whose dramatic episodes
you seek to recognize the beckoning of affirmation
the assurance of reward

the light is glaring
"the light is always glaring"

it is late though
to leaf through the moment

—life is not an argument

no one feels like reading any more
neither do you   (let the texts speak)
who exhausted by the intensity

of the last hours
pick up the phone

"a double espresso"

(as always the best sleeping pill)

哈里斯・武拉維亞諾斯 (希臘)，詩人、譯者、學者，
1957年出生於羅馬，在布里斯托大學學習經濟學和哲
學，在牛津大學 (三一學院) 取得哲學碩士和哲學博士
學位。著有十二本詩集，其中 *Vacation in Reality* (2009)
獲 Diavazo 詩歌獎並入選希臘國家詩歌獎決選名單，另
外 *Sonnets of Despair* (2011) 也入選過該獎項決選名單。
他曾將但丁的《神曲》譯為希臘文出版。2005年2月，
意大利總理親自為他頒發 Cavaliere 騎士名譽，意大利
但丁學會亦頒發但丁獎，表彰他對意大利文化的貢獻。